LOW CARB BACKEN OHNE ZUCKER

33 REZEPTE OHNE KOHLENHYDRATE FÜR KUCHEN, KEKSE, BROT UND BRÖTCHEN

LOW CARB GURUS

ISBN-13: 978-1539746744
ISBN-10: 1539746747

Inhaltsverzeichnis

Brot

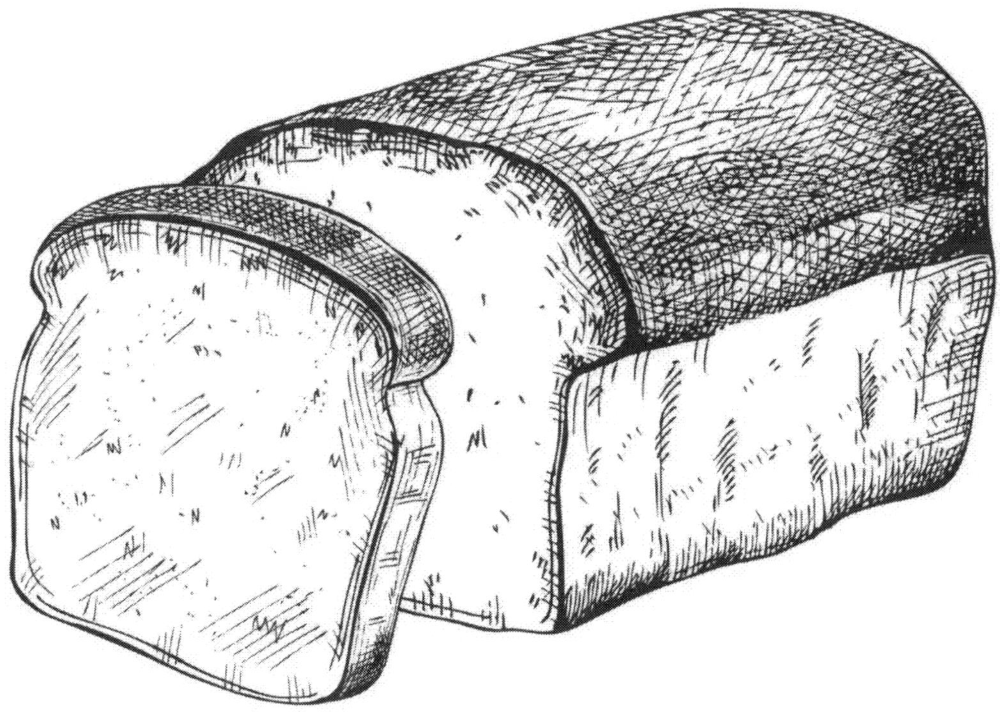

Schaumige Frischkäse-Kekse

Zutaten:

2 Eier
⅛ Teelöffel Backpulver
2 Esslöffel Frischkäse
eine Prise Salz.

Nährwerte pro 100g:

Kalorien	82 kcal	Proteine	5,2 g
Kohlenhydrate	0,6 g	Fett	6,5 g

1. Ofen auf 150°C vorheizen und ein Backblech mit Backpapier auslegen.
2. Eiweiß vom Eigelb trennen und das Eiweiß so lange mit dem Backpulver vermischen, bis eine feste Masse entsteht. Dies kann durchaus einige Minuten dauern.
3. In einer separaten Schüssel das Eigelb mit dem Frischkäse so lange vermischen, bis alles schön cremig ist.
4. Die Eigelb-Frischkäse Masse zu der Eiweiß-Backpulver Masse gegeben. Diese Mischung sollte nur leicht umgerührt werden.
5. Mit einem großen Löffel Kekse formen und auf das Backblech geben. Die Kekse etwa 18-20 Minuten backen oder so lange im Ofen lassen, bis sie goldbraun sind. Die fertigen Kekse auf einem Gitter abkühlen lassen.

Knusprige Pizza

Zutaten:

85 g Leinsamenmehl
30 g Kokosmehl
40 g Hanfmehl
40 g Parmesan
½ Teelöffel Knoblauchpulver
½ Teelöffel Oregano
½ Teelöffel Backpulver
80 g Eier.

Nährwerte pro 100g:

Kalorien	230 kcal	Proteine	5,2 g
Kohlenhydrate	11 g	Fett	17,6 g

1. Backofen auf 180°C vorheizen
2. Alle trockenen Zutaten in eine Schüssel geben und gut vermischen.
3. Eier der Mischung zufügen und zu einem Teig verarbeiten.
4. Den Teig zu einem runden Pizza-Fladen mit etwa 25 cm Durchmesser ausrollen und auf ein mit Backpapier ausgelegtes Pizzablech legen.
5. Die Pizza dann für 12 Minuten backen und anschließend mit Zutaten nach Wahl belegen.
6. Die belegte Pizza nochmals für 18-20 Minuten backen, bis der Käse geschmolzen und die Kruste goldbraun ist.

Kokos-Kürbis Bagel

Nährwerte pro 100g:

Kalorien	177 kcal	Poteine	5,2 g
Kohlenhydrate	6,7 g	Fett	15,3 g

Zutaten:

40 g Kokosmehl, gesiebt
3 Esslöffel Leinsamenmehl
3 Eier, geschlagen
45 g Butter, geschmolzen
60 g Kokosnussmilch
115 g Kürbispüree
1 Teelöffel Vanille-Aroma
1 ¼ Teelöffel Kürbiskuchen-Gewürz
½ Teelöffel Zimt
⅛ Teelöffel Meersalz
½ Esslöffel Honig
½ Teelöffel Backnatron
1 Teelöffel Apfelweinessig.

1 Den Ofen auf 150°C vorheizen und eine Bagel- oder Donutform mit ausreichend Fett oder Öl einfetten.

2 In einer Schüssel das gesiebte Kokosmehl, das Leinsamenmehl, das Kürbiskuchen-Gewürz, Zimt und Meersalz gut vermischen.

3 Eier, Kürbispüree, Kokosnussmilch, Vanille-Aroma, Honig und geschmolzene Butter in einer separaten Schüssel vermischen. Getrennt davon das Backnatron mit dem Apfelweinessig vermischen und diese beiden Mischungen zusammengeben und gut verrühren. Anschließend die Kokosmehl-Mischung zufügen und so lange verrühren, bis ein glatter Teig entsteht.

4 Mit einem Löffel die Teigmasse in die eingefettete Form geben, gut verteilen und Teigreste aus der Mitte mit einem feuchten Tuch entfernen.

5 Den Bagel für 23-25 Minuten backen oder so lange im Ofen lassen, bis der Bagel braun und fest ist.

6 Den Bagel aus dem Ofen holen und komplett abkühlen lassen. Dann den Bagel vorsichtig mit einem Messer aus der Form lösen.

LEINSAMEN-BROT

Zutaten:

440 g Leinsamenmehl
3 Teelöffel Backpulver
1 Teelöffel Salz
3-6 Teelöffel Süßstoff
5 Eier, geschlagen
120 ml Wasser
80 ml Olivenöl.

Nährwerte pro 100g:

Kalorien	367 kcal	Proteine	12,2 g
Kohlenhydrate	17,3 g	Fett	26 g

1. Ofen auf 180°C vorheizen.
2. Die trockenen Zutaten vermischen und anschließend Eier, Wasser und Öl hinzufügen und gut verrühren.
3. Den Teig für 2-3 Minuten ruhen lassen, sodass er fester wird.
4. Den Teig in eine gefettete Backform mit den Maßen 25 cm x 35 cm geben und etwa 20 Minuten backen oder so lange, bis das Leinsamenbrot sichtbar braun wird.
5. Für einen intensiveren Geschmack kann das Olivenöl durch Butter ausgetauscht werden.

Erdnuss-Butter Toasties

Zutaten:

2 Esslöffel Erdnussbutter, ungesüßt

1 Esslöffel Butter

2 Esslöffel Mandelmehl

⅛ Teelöffel Salz

½ Teelöffel Backpulver

1 Esslöffel Mandelmich, ungesüßt

1 Ei.

Nährwerte pro 100g:

Kalorien	458 kcal	Proteine	16,5 g
Kohlenhydrate	11,2 g	Fett	41,5 g

1. Ofen auf 180°C vorheizen und die Muffinformen einfetten.
2. Butter und Erdnussbutter in einen hitzebeständigen Behälter geben und 30 Sekunden in der Mikrowelle erhitzen. Die Masse so lange verrühren, bis sie gleichmäßig ist und dann zum Abkühlen zur Seite stellen.
3. In einer separaten Schüssel Mandelmehl, Salz und Backpulver vermischen. Anschließend Mandelmilch und Ei zufügen und so lange verrühren, bis eine gleichmäßige Masse entsteht.
4. Beide Mischungen gut miteinander vermengen bis ein gleichmäßiger Teig entsteht.
5. Den Teig in die Muffinform geben und etwa 15 Minuten backen. Bei Bedarf den Zahnstocher-Test machen.
6. Den fertigen Toasti einige Minuten abkühlen lassen, aus der Form lösen und in der Mitte durchschneiden, damit er getoastet werden kann.

Kleine Mandel-Brötchen

Zutaten:

75 g Mandelmehl

2 große Eier

5 Esslöffel Butter, ungesalzen

1 ½ Teelöffel Süßstoff

1 ½ Teelöffel Backpulver .

Nährwerte pro 100g:

Kalorien	405 kcal	Proteine	10,8 g
Kohlenhydrate	7,6 g	Fett	38,9 g

---

1 Alle trockenen Zutaten in einer Schüssel vermengen und die Eier einrühren.

2 Butter schmelzen, der Mischung zufügen und gut verrühren.

3 Die Teigmischung in 6 gleich große Teile aufteilen und in eine Muffinform geben.

4 Die Mandelbrötchen bei 180°C 12-17 Minuten backen und anschließend auf einem Gitter abkühlen lassen.

Früchtebrot mit Nüssen

Zutaten:

2 reife Bananen

2 große Eier

50 g Kokosöl, unraffiniert

200 g Mandelmehl

1 Teelöffel Backpulver

¼ Teelöffel Salz

2 Esslöffel Leinsamen

230 g Nüsse, grob gehackt

150 g getrocknete Früchte, grob gehackt.

Nährwerte pro 100g:

Kalorien	250 kcal	Proteine	5 g
Kohlenhydrate	16 g	Fett	15,9 g

1 Backofen auf 180°C vorheizen und eine Kastenform mit Backpapier auslegen.

2 Die Bananen gut zerdrücken und anschließend mit den Eiern und dem Kokosöl in eine große Schüssel geben und sehr gut verrühren.

3 Mehl, Backpulver und Salz zu der Mischung hinzugeben und gut vermengen.

4 Die getrockneten Früchte, Nüsse und Leinsamen unterheben und so lange vermengen, bis alles gleichmäßig verteilt ist.

5 Den Teig in die Kastenform geben, gut verteilen und etwa 40 Minuten backen bis das Brot goldbraun ist. Bei Bedarf den Zahnstocher-Test machen. Brot abkühlen lassen. Das Brot geht während dem Backen nicht auf. Die Backzeit kann abhängig von der Größe der Kastenform variieren.

SNACK

Frischkäse-Wraps

Nährwerte pro 100g:

Kalorien	213 kcal	Proteine	17,2 g
Kohlenhydrate	0,8 g	Fett	15,9 g

Zutaten:

115 g Schweineschwarte
⅛ Teelöffel Backnatron
¼ Teelöffel Salz (optional)
115 g Frischkäse, weich
6 große Eier
120 ml Wasser.

1. Die Schweineschwarte in einen Gefrierbeutel geben und mit dem Nudelholz zerdrücken. Die Schwarte muss komplett pulverisiert sein.
2. Die pulverisierte Schwarte mit dem Salz und dem Backnatron in eine Schüssel geben und gut vermengen.
3. In einer anderen Schüssel den Frischkäse mit einem Ei so lange vermengen, bis eine glatte Masse entsteht. Ein weiteres Ei hinzugeben und verrühren.
4. Die Frischkäse-Ei-Mischung in die Schüssel mit der pulverisierten Schwarte geben, die restlichen Eier hinzugeben und mit dem Handrührgerät gut verrühren, bis ein glatter Teig entsteht. Das Wasser zugeben, gut vermengen und den Teig für 5 Minuten ruhen lassen.
5. Die Pfannkuchenpfanne bei 190°C aufheizen und Öl hineingeben, wenn sie heiß ist. Überschüssiges Öl vorsichtig mit einem Papiertuch abwischen.
6. Den Teig mit einem Löffel in die Pfanne geben und von beiden Seiten ausbacken.

Käse-Quiche

Zutaten:

225 g Cheddarkäse
12 große Eier
115 g Frischkäse
170 g Butter, geschmolzen
Salz und Pfeffer zum abschmecken.

Nährwerte pro 100g:

Kalorien	308 kcal	Proteine	12,9 g
Kohlenhydrate	1 g	Fett	28,4 g

1. Frischkäse bei Raumtemperatur weich werden lassen.
2. Cheddarkäse reiben und etwa 50 g des geriebenen Käse in eine Kuchenform streuen.
3. Eier und Frischkäse in eine Schüssel geben und mit einem Handrührgerät gut verrühren. Währenddessen die geschmolzene Butter langsam dazugeben.
4. Die Ei-Mischung über den Käse in der Kuchenform gießen und den restlichen Käse darüber streuen.
5. Die Quiche bei 160°C für etwa 45 Minuten backen oder so lange, bis die Quiche am Rand fest geworden ist und in der Mitte nur noch leicht wackelt.
6. Vor dem Anschneiden einige Minuten auf einem Gitter abkühlen lassen.

Cheddar-Cracker mit Sesam

Nährwerte pro 100g:

Kalorien	395 kcal	Proteine	17,88 g
Kohlenhydrate	9,58 g	Fett	34,1 g

Zutaten:

75 g Mandelmehl

½ Esslöffel Sesamsamen

½ Esslöffel Parmesan

50 g Cheddarkäse, gerieben

⅛Teelöffel Meersalz

1 großes Ei

2 Esslöffel Wasser

½ Esslöffel Olivenöl

¼ - ½ Teelöffel Meersalz zum abschmecken.

1. Backofen auf 180°C vorheizen.
2. Das Ei trennen und die ersten 7 Zutaten in eine Schüssel geben und so lange verrühren, bis ein glatter Teig entsteht.
3. Den Teig aus der Schüssel nehmen, zu einer Kugel formen und zwischen 2 Blätter Backpapier legen. Mit einem Nudelholz den Teig flach ausrollen, bis er etwa 0,5 cm dünn ist. Den ausgerollten Teig mit dem Backpapier auf ein Backblech legen und für 10 Minuten in den Gefrierschrank geben.
4. Den Teig aus dem Gefrierschrank holen und die obere Schicht Backpapier vorsichtig entfernen. Mit einem Pizzaschneider oder einem Messer Quadrate in den Teig schneiden.
5. Die Quadrate mithilfe eines Backpinsels mit Olivenöl bestreichen und mit Meersalz bestreuen.
6. Die Cracker für 12-16 Minuten backen, dann eine weitere Minute bei geringer Hitze im Ofen lassen, bis die Cracker gebräunt sind. Vor dem Verzehr etwa 30 Minuten abkühlen lassen oder so lange, bis sie fest werden.

Gebackene Thunfisch-Bällchen mit Käse

Zutaten:

Für die Thunfischbällchen:

200 g Thunfisch (aus der Dose)

1 Ei, geschlagen

25 g Cheddarkäse, gerieben

10 g Parmesan

½ Teelöffel Leinsamenmehl

1 gehäufter Esslöffel Mayonnaise

½ Teelöffel Knoblauchpulver

¼ Teelöffel Zwiebelpulver

1 Esslöffel Olivenöl

Für die Panade:

3 Esslöffel Mandelmehl

½ Esslöffel Parmesan

⅛ Teelöffel Meersalz

⅛ Teelöffel Pfeffer.

Nährwerte pro 100g:

Kalorien	231 kcal	Proteine	20,9 g
Kohlenhydrate	2 g	Fett	15,4 g

1 Ofen auf 220°C vorheizen und das Backblech mit dem Esslöffel Öl einfetten.

2 Den Thunfisch abtropfen lassen und alle Zutaten für die Thunfischbällchen in eine große Schüssel geben und gut vermischen.

3 In einer anderen Schüssel alle Zutaten für die Panade gründlich vermischen.

4 Aus jeweils einem Esslöffel der Thunfischmischung mit den Händen ein Bällchen formen, in der Panade wälzen und anschließend auf das gefettete Backblech legen.

5 Die Thunfischbällchen für 14 Minuten backen bis sie leicht gebräunt sind. Die Thunfischbällchen nach der Hälfte der Backzeit wenden.

GEFÜLLTE JALAPEÑOS

Nährwerte pro 100g:

Kalorien	361 kcal	Proteine	19,6 g
Kohlenhydrate	2,9 g	Fett	29,8 g

Zutaten:

3 Jalapeños
75 g Frischkäse, weich
115 g Speckwürfel.

1 Backofen auf 230°C vorheizen und ein Backblech mit Backpapier auslegen.

2 Jalapeños waschen, trocknen und der Länge nach halbieren. Die Stielenden beibehalten und die Kerne entfernen.

3 Die trockenen Jalapeño-Hälften mit bis zu 15 g Frischkäse bis zum Rand füllen.

4 Die gefüllten Jalapeños mit der Frischkäse-Seite nach unten in die Speckwürfel drücken. Lose Speckwürfel abklopfen und die restlichen fest in den Frischkäse drücken.

5 Die Jalapeños auf das Backblech geben und 25-45 Minuten backen, bis die Speckwürfel brutzeln und die Jalapeños weich, aber nicht matschig, sind. Heiß oder kalt servieren.

Schoko-Walnuss-Kuchen

Zutaten:

Für den Keksboden:

40 g Goldleinsamen, gemahlen

40 g Mandelmehl

30 g Kokosmehl

60 g Butter, geschmolzen

Für die gesüßte Kondensmilch:

60 g Schlagsahne

2 Esslöffel Butter

10 g Süßstoff

1 Eigelb

Für den Belag:

30 g Kokosraspeln

90 g dunkle Schokolade

65 g Walnüsse.

Nährwerte pro 100g:

Kalorien	377 kcal	Proteine	5,6 g
Kohlenhydrate	15,7 g	Fett	34,7 g

1 Alle Zutaten für den Keksboden gut vermischen und auf den Boden einer 20 cm x 20 cm großen Backform drücken. Den Keksboden bei 180°C für 12 Minuten backen bis er goldbraun ist.

2 Während der Boden backt, kann die Kondensmilch hergestellt werden. Dafür Schlagsahne, Butter und Süßstoff langsam zum kochen bringen und so lange köcheln lassen, bis die Kondensmilch leicht goldbraun wird und dick genug ist, um einen Löffel zu bedecken. Während des Kochens die Kondensmilch häufig umrühren.

3 Die Kondensmilch vom Ofen nehmen und bis auf Raumtemperatur abkühlen lassen. Dann das Eigelb unterrühren.

4 Schokolade und Walnüsse hacken und zusammen mit den Kokosraspeln auf den gebackenen Keksboden streuen. Die Kondensmilch anschließend ebenfalls auf den Keksboden träufeln.

5 Alles bei 180°C für 20-25 Minuten backen, bis die Kondensmilch fest und goldbraun geworden ist. Nach dem Backen den Kuchen vollständig abkühlen lassen und vor dem Servieren in den Kühlschrank stellen.

SÜSSES

Zimt-Schnecken

Nährwerte pro 100g:

Kalorien	334 kcal	Proteine	11,8 g
Kohlenhydrate	5,5 g	Fett	29,9 g

Zutaten:

Für die Zimtschnecken
170 g Mozzarella, gerieben
25 g Butter, gesalzen
25 g Backmischung
15 g Backpulver
24 g Sweet Blend
100 g Eier
4 g Vanille-Aroma
55 g Butter, weich
3,5 g Goldsirup
etwas Zimt

Für die Frischkäseglasur
115 g Frischkäse, weich
40 g griechischen Joghurt
25 g gesalzene Butter, weich
4 g Vanille-Aroma
8 g Stevia.

1 Mozzarella und die gesalzene Butter bei mittlerer Hitze in einer beschichteten Pfanne schmelzen, bis eine zähe Flüssigkeit entsteht.

2 Backpulver, Backmischung und 4 g Sweet Blend vermengen und zu dem geschmolzenen Käse geben. Eier und Vanille-Aroma ebenfalls hinzugeben. Zunächst bei geringer Hitze gut verrühren und anschließend verkneten.

3 Den Teig auf ein Backpapier legen und mit einem Nudelholz bis zu einer Größe von 35 cm x 25 cm ausrollen. Die weiche Butter auf dem Teig verteilen.

4 1 Esslöffel Sweet Blend mit dem Goldsirup vermischen, sodass ein brauner Zucker entsteht. Den braunen Zucker über den Teig streuen. Das restliche Sweet Blend und viel Zimt ebenfalls über den Teig streuen.

5 Den Teig von oben nach unten aufrollen und in 12 Stücke schneiden. Die einzelnen Zimtschnecken in eine gefettete Kuchenform legen und etwa 20 Minuten backen, bis sie leicht braun werden.

6 Für die Frischkäseglasur alle Zutaten so lange verrühren, bis eine glatte Masse entsteht.

7 Die Zimtschnecken aus dem Ofen holen, kurz abkühlen lassen und mit der Frischkäseglasur bestreichen.

Kokos-Limetten-Käsekuchen

Zutaten:

Für die Füllung:
225 g Frischkäse
470 g Schlagsahne
250 g Wasser
12 g klare Gelatine
110 g Xylit
60 g Limettensaft, frisch
5 g Limettenschale, gerieben
20 Tropfen Steviaextrakt

Für den Boden:
100 g Mandelmehl
60 g Kokosnuss, gerieben
40 g Butter, geschmolzen
27 g Xylit.

Nährwerte pro 100g:

Kalorien	259 kcal	Proteine	3,7 g
Kohlenhydrate	4,1 g	Fett	26,3 g

1 Backofen auf 180°C vorheizen und eine 20 cm Springform einfetten.

2 Alle Zutaten für den Keksboden gut vermischen und auf den Boden der Springform drücken. Den Keksboden bei 180°C für 12 Minuten backen, bis er goldbraun ist. Den Boden abkühlen lassen.

3 Den Frischkäse in eine Rührschüssel geben und so lange schlagen, bis er glatt ist. In einer separaten Schüssel die Schlagsahne steif schlagen.

4 Das Wasser in einem Topf erhitzen und die Gelatine in das Wasser streuen und für eine Minute ruhen lassen. Limettensaft, Limettenschale, Xylit und Stevia unterrühren. Die Hitze herabdrehen und solange umrühren, bis sich der Zucker aufgelöst hat.

5 Die Gelatinemischung vorsichtig in den Frischkäse gießen. Das Handrührgerät auf die mittlere Stufe stellen und alles gut vermischen. So lange mixen, bis eine glatte Mischung entsteht. Anschließend die Schlagsahne hinzugeben und vermengen.

6 Die Füllung auf den Boden geben und gleichmäßig verteilen. Mit Kokosraspeln und geriebener Limettenschale garnieren, den Kuchen ein paar Stunden in den Kühlschrank stellen und die Springform entfernen.

Bananen Brownies

Nährwerte pro 100g:

Kalorien	114 kcal	Proteine	7,3 g
Kohlenhydrate	18,4 g	Fett	3,4 g

Zutaten:

200 g Bananen, reif
80 ml Apfelmus
60 g Kakaopulver
40 g Proteinpulver, Schokolade
30 g Schokostückchen.

1. Ofen auf 180°C vorheizen.
2. Bananen, Apfelmus, Kakaopulver und Proteinpulver so lange mixen, bis eine glatte Masse entsteht.
3. Kuchenform mit Backpapier auslegen oder einfetten und den Teig in die Form geben. Mit einem Löffel den Teig gleichmäßig in der Kuchenform verteilen. Schokostückchen gleichmäßig auf dem Teig verteilen.
4. Die Brownies ein paar Minuten backen, aus dem Ofen nehmen, mit einem Löffel die geschmolzenen Schokostückchen verbreiten und anschließend nochmals für 20 Minuten backen.
5. Brownies abkühlen lassen und in 8 Stücke schneiden.

Erdbeer-Frischkäse-Kuchen

Zutaten:

Für den Kuchen:

3 große Eier

85 g Frischkäse

¼ Teelöffel Backpulver

½ Teelöffel Vanille-Aroma

2 Esslöffel Erythrit

Für die Füllung:

10 mittelgroße Erdbeeren

235 g Schlagsahne.

Nährwerte pro 100g:

Kalorien	224 kcal	Proteine	5,1 g
Kohlenhydrate	3,3 g	Fett	21,6 g

1. Ofen auf 150°C vorheizen.
2. Eier trennen und das Eiweiß steif schlagen.
3. Eigelb, Frischkäse, Vanille-Aroma, Backpulver und Erythrit so lange schlagen, bis eine glatte Masse entsteht.
4. Das Eiweiß langsam zu der Eigelb-Masse hinzugeben und vermengen.
5. Backblech mit Backpapier auslegen und den Teig darauf verteilen. 25-30 Minuten backen.
6. Den Kuchen abkühlen lassen, in Stücke schneiden und Schlagsahne und Erdbeeren jeweils zwischen 2 Stücke geben.

Dänischer Heidelbeer-Käsekuchen

Zutaten:

Für den Boden:

6 Esslöffel Butter

40 g Süßstoff

2 Eier

1 Esslöffel Vanille-Aroma

100 g Mandelmehl

30 g Kokosmehl

eine Prise Salz

2 Teelöffel Backpulver

¼ Teelöffel Xanthan

120 g Mandelmilch

125 g Heidelbeeren

Für die Füllung:

85 g Frischkäse

1 Ei

1 Esslöffel Süßstoff

Für die Streusel:

3 Esslöffel Butter

100 g Mandelmehl

3 Esslöffel Süßstoff

½ Teelöffel Zitronenschale, gerieben.

Nährwerte pro 100g:

Kalorien	323 kcal	Proteine	10 g
Kohlenhydrate	6 g	Fett	27 g

1 Backofen auf 190°C vorheizen.

2 Butter und Süßstoff in einer Schüssel glatt rühren. Eier und Vanille-Aroma hinzufügen und nach jedem Ei gut verrühren.

3 Mandelmehl, Kokosmehl, Salz, Backpulver und Xanthan in einer separaten Schüssel mischen. Die Mischung zu den feuchten Zutaten geben und gut verrühren. Mandelmilch hinzufügen und so lange verrühren, bis ein glatter Teig entsteht.

4 Eine 20 cm Springform einfetten und den Teig gleichmäßig in der Springform verteilen. Die Heidelbeeren gleichmäßig auf den Teig streuen.

5 Für die Käsefüllung den Frischkäse 30 Sekunden in der Mikrowelle erwärmen und mit einer Gabel glatt schlagen. Ei und Süßstoff hinzugeben und weiter schlagen, bis eine glatte Masse entsteht. Die Käsefüllung über die Heidelbeeren in die Springform gießen.

6 Für die Streusel die Butter in der Mikrowelle schmelzen, Mandelmehl, Süßstoff und Zitronenschale hinzufügen, gut miteinander vermengen und über den Kuchen bröseln.

7 Den Kuchen etwa 35 Minuten backen bis die Streusel goldbraun werden. Bei Bedarf den Zahnstocher-Test machen.

Erdbeer-Käsekuchen

Zutaten:

Für den Boden:
6 Esslöffel Butter, weich
100 g Erythrit
30 g Kokosraspeln, ungesüßt
25 g Kokosmehl
½ Teelöffel Backpulver

Für die Füllung:
225 g Frischkäse
70 g Erythrit
1 Esslöffel Zitronensaft
1 Ei

Für den Erdbeerbelag
115 g Erdbeeren, püriert
1 Esslöffel Süßstoff.

Nährwerte pro 100g:

Kalorien	230 kcal	Proteine	3,6 g
Kohlenhydrate	3 g	Fett	23,2 g

1. Für den Boden Butter und Erythrit vermengen, Kokosmehl und Backpulver hinzufügen und gut verrühren. Den Teig in eine eingefettete 20 cm Springform drücken.
2. Für die Käsefüllung Frischkäse und Erythrit so lange schlagen, bis die Masse glatt ist. Ei und Zitronensaft hinzufügen und gut vermischen. Die Käsefüllung auf den Boden in der Springform gießen.
3. Das Erdbeerpüree und den Süßstoff vermischen und mit einem Löffel oder einer Gabel auf den Kuchen sprenkeln.
4. Den Kuchen bei 180°C für 28 Minuten backen. Je nach Größe oder Menge der Käsefüllung kann die Backzeit variieren. Vor dem Servieren einige Stunden in den Kühlschrank stellen.

Kokos-Sahne Muffins

Zutaten:

Für die Muffins:

30 g Kokosmehl, gesiebt

2 Esslöffel Kokosraspeln, ungesüßt

½ Teelöffel Backpulver

¼ Teelöffel Salz

3 Esslöffel Butter, geschmolzen

30 g Puderzucker

¼ Teelöffel Steviapulver

3 große Eier

½ Teelöffel Vanille-Aroma, ungesüßt

½ Teelöffel Kokos-Aroma

2 Esslöffel Mandelmilch

Für die Glasur:

115 g Schlagsahne

1 Teelöffel Süßstoff, füssig

60 g Butter

½ Teelöffel Vanille-Aroma

¼ Teelöffel Xanthan

15 g Frischkäse

2 Esslöffel Puderzucker.

Nährwerte pro 100g:

Kalorien	314 kcal	Proteine	4,6 g
Kohlenhydrate	12,1 g	Fett	28,2 g

1 Ofen auf 200°C vorheizen und das Muffinblech mit 6 Muffinpapieren auslegen.

2 Kokosmehl, Kokosraspeln, Backpulver und Salz in einer Schüssel gut vermischen.

3 In einer anderen Schüssel Eier, Puderzucker, Stevia, Butter, Vanille-Aroma, Kokos-Aroma und Mandelmilch gut verrühren.

4 Beide Mischungen miteinander vermengen und den Teig mit einem Löffel gleichmäßig in die Muffinformen geben und für 15-20 Minuten backen.

5 Für die Glasur die Schlagsahne, den Süßstoff und die Butter in einem Topf so lange erhitzen, bis der Siedepunkt erreicht ist. Vom Ofen nehmen und Vanille-Aroma und Xanthan unterrühren. Für 2 Stunden kalt stellen.

6 Frischkäse und Puderzucker zu der Glasur geben und mit einem Handrührgerät gut verrühren, bis eine glatte, feste Masse entsteht. Die Glasur auf die Muffins streichen.

Kaffee-Muffins

Zutaten:

100 g Mandelmehl
30 g Proteinpulver
1 Teelöffel Backpulver
60 g Griechischer Joghurt
60 ml Milch
1 Ei
2 Teelöffel Vanille-Aroma
10 g Kaffe, aufgebrüht
2 Esslöffel Ahornsirup.

Nährwerte pro 100g:

Kalorien	276 kcal	Proteine	16,1 g
Kohlenhydrate	15,3 g	Fett	16,8 g

1. Backofen auf 180°C vorheizen und die Muffinform einfetten.
2. Alle Zutaten gut miteinander vermischen bis ein glatter Teig entsteht.
3. Den Teig in die Muffinformen geben. Dabei darauf achten, dass die Förmchen ¾ voll sind.
4. Die Muffins für 10-20 Minuten backen, je nachdem wie tief die Muffinform ist. Muffins vollständig abkühlen lassen und vorsichtig aus der Form lösen.

Käsekuchen-Muffins

Nährwerte pro 100g:

Kalorien	276 kcal	Proteine	6,2 g
Kohlenhydrate	9,9 g	Fett	27,3 g

Zutaten:

Für den Käsekuchen:

230 g Frischkäse, weich

8 g Süßstoff

2 Esslöffel Kakao, ungesüßt

1 Teelöffel Vanille-Aroma

2 Eier

Lebensmittelfarbe (optional)

Für die Glasur:

1 Teelöffel Gelatine, geschmacksneutral

4 Teelöffel kaltes Wasser

235 g Schlagsahne

2 Esslöffel Süßstoff.

1. Backofen auf 180°C vorheizen und das Muffinblech mit 8 Papierförmchen auslegen
2. Den Frischkäse mit dem Handrührgerät auf mittlerer Stufe so lange schlagen, bis er weich und glatt ist. Süßstoff, Kakao und Vanille-Aroma dazugeben und weiter schlagen. Bei Bedarf noch Lebensmittelfarbe hinzufügen. Die Eier nacheinander zu dem Teig geben und weiter schlagen, bis ein glatter Teig entsteht.
3. Den Teig gleichmäßig in die Muffinförmchen geben und 15-17 Minuten backen. Anschließend den Backofen abdrehen, die Ofenklappe etwas öffnen und die Muffins weitere 10-15 Minuten im abgedrehten Ofen ruhen lassen. Die Muffins auf einem Gitter vollständig abkühlen lassen und für mindestens 2 Stunden in den Kühlschrank stellen.
4. Für die Glasur die Gelatine und das Wasser in einen Topf geben und so lange stehen lassen, bis es dickflüssig wird. Den Topf auf den Ofen stellen und bei geringer Hitze kontinuierlich umrühren, bis sich die Gelatine auflöst. Topf vom Ofen nehmen.
5. Schlagsahne mit dem Süßstoff steif schlagen. Langsam weiterschlagen und währenddessen die Gelatine dazugeben. Auf höchster Stufe schlagen, bis die Masse steif ist. Die Glasur auf die Muffins geben.

Orangen-Muffins mit Preiselbeeren

Zutaten:

70 g Hafermehl

70 g Haferfasern

2 Teelöffel Backpulver

1 Teelöffel Orangenschale, gerieben

¼ Teelöffel Salz

¼ Teelöffel Steviapulver

¼ Teelöffel Ingwer

¼ Teelöffel Gewürznelken

1 Orange, geschält und gehackt

250 g Eiweiß

125 g Apfelmus, ungesüßt

30 g Wasser

1 ½ Teelöffel Orangen-Aroma

90 g Preiselbeeren.

Nährwerte pro 100g:

Kalorien	80 kcal	Proteine	4,9 g
Kohlenhydrate	13 g	Fett	0,7 g

---

1. Hafermehl, Haferfasern, Backpulver, Orangenschale, Salz, Steviapulver, Ingwer und Gewürznelken gut miteinander vermischen.
2. Alle nassen Zutaten, mit Ausnahme von den Preiselbeeren, zu der Hafermehl-Mischung geben und solange verrühren, bis ein glatter Teig entsteht.
3. Die Preiselbeeren zu dem Teig geben und gut vermixen.
4. Auf dem Muffinblech 9 Muffinförmchen einfetten und den Teig gleichmäßig in den Förmchen verteilen.
5. Die Muffins bei 180°C etwa 25-30 Minuten backen. Vor dem Servieren die Muffins ein paar Minuten abkühlen lassen.

Limetten-Käsekuchen

Nährwerte pro 100g:

Kalorien	486 kcal	Proteine	10,3 g
Kohlenhydrate	4,2 g	Fett	47,1 g

Zutaten:

Für den Boden:

125 g Mandelmehl

3 Esslöffel Butter, geschmolzen

1 ½ Teelöffel Süßstoff

Für die Füllung:

230 g Frischkäse, weich

½ Teelöffel Vanille-Aroma (optional)

350 g Schlagsahne

8,5 g Limetten-Götterspeise

1 Teelöffel Limettenschale.

1. Ofen auf 180°C vorheizen und eine 20 cm Springform einfetten.
2. Mandelmehl, Butter und Zucker so lange vermischen, bis die Masse krümelig wird. Die Mischung auf den Boden der eingefetteten Springform drücken und 8-10 Minuten goldbraun backen. Vollständig abkühlen lassen.
3. Mit einem elektrischen Handrührgerät den Frischkäse so lange schlagen, bis er glatt und cremig ist. Vanille-Aroma und Schlagsahne hinzugeben und so lange auf höchster Stufe mixen, bis sich die Masse verdickt.
4. Götterspeise und Limettenschale zu der Frischkäse-Mischung geben und auf der kleinsten Stufe weiter mixen, bis alles gut vermischt ist.
5. Die Mischung gleichmäßig mit einem Löffel auf dem Kuchenboden verteilen, abdecken und mindestens 2-3 Stunden in den Kühlschrank stellen.

Bananen-Creme-Muffins

Zutaten:

Für die Muffins:

8 Eier

1 Teelöffel Bananen-Aroma

1 Teelöffel Stevia mit Vanillegeschmack, flüssig

100 g Bananen, zerdrückt

90 g Kokosmehl

40 g Molkenproteinpulver

50 g Süßstoff, granuliert

½ Teelöffel Backpulver

¼ Teelöffel Salz

110 g weiche Butter

Für die Füllung:

230 g Frischkäse, weich

1 Teelöffel Bananen-Aroma

½ Teelöffel Stevia mit Vanillegeschmack, flüssig

eine Prise Salz

175 g Schlagsahne.

Nährwerte pro 100g:

Kalorien	290 kcal	Proteine	9,5 g
Kohlenhydrate	13 g	Fett	24,27 g

1. Ofen auf 180°C vorheizen.
2. Eier, Bananen-Aroma, Stevia und die zerdrückten Bananen in einen Mixer geben und gut mixen.
3. In einer separaten Schüssel die restlichen trockenen Zutaten für die Muffins vermischen und anschließend die Bananen-Mischung aus dem Mixer dazugeben. Die weiche Butter hinzufügen und gut verrühren.
4. 12 Muffinförmchen des Muffinblechs einfetten, den Teig gleichmäßig darin verteilen und 20-22 Minuten backen. Bei Bedarf den Zahnstocher-Test machen. Muffins vollständig abkühlen lassen.
5. Für die Füllung alle Zutaten, mit Ausnahme der Schlagsahne, in einen Mixer geben und auf höchster Stufe mixen, bis eine glatte Masse entsteht. Die Schlagsahne ebenfalls in den Mixer gießen und die Masse auf höchster Stufe steif schlagen.
6. Mit einem Apfelentkerner oder einem Messer die Mitte eines jeden Muffins herausschneiden. Die Füllung in einen Spritzbeutel geben und damit die Mitte eines jeden Muffins füllen. Auch die Oberseite der Muffins mit der Creme bestreichen. Bis zum Servieren gekühlt aufbewahren.

Erdnuss-Butter-Muffins

Zutaten:

100 g Mandelmehl

100 g Erdnussmehl

11 g Süßstoff

40 g Molkenproteinpulver, geschmacksneutral

1 Esslöffel Backpulver

3 große Eier

130 g Erdnussbutter, geschmolzen

50 g Butter, geschmolzen

170 ml Mandelmilch, ungesüßt

½ Teelöffel Vanille-Aroma

3 Esslöffel Himbeerkonfitüre.

Nährwerte pro 100g:

Kalorien	327 kcal	Proteine	13,9 g
Kohlenhydrate	10,9 g	Fett	28,2 g

1 Ofen auf 160°C vorheizen und das Muffinblech mit 12 Papiermuffinförmchen auslegen.

2 Mandelmehl, Erdnussmehl, Süßstoff, Molkenprotein und Backpulver miteinander vermischen. Eier, Erdnussbutter, Butter, Mandelmilch und Vanille-Aroma hinzufügen und gut verrühren bis ein glatter Teig entsteht.

3 Etwa ⅔ des Teiges gleichmäßig auf die 12 Muffinförmchen aufteilen. Mit einem Löffel eine Kuhle in jeden Muffin machen und den Teig leicht an den Rand drücken.

4 Die Himbeerkonfitüre in die Kuhlen geben und mit dem restlichen Teig zudecken.

5 Die Muffins 20-25 Minuten goldbraun backen. Vor dem Servieren mindestens 15 Minuten abkühlen lassen.

Apfel-Muffins

Zutaten:

75 g Hafermehl
75 g Haferfasern
2 Teelöffel Backpulver
2 Teelöffel Stevia
1 ½ Teelöffel Zimt
¼ Teelöffel Salz
¼ Teelöffel Muskat
¼ Teelöffel Gewürznelken
⅛ Teelöffel Steviaextraktpulver
5 Eiweiß
125 g Apfelmus, ungesüßt
115 ml Wasser
60 g Griechischer Joghurt
2 Teelöffel Apfelweinessig
1 Teelöffel Butter-Vanille-Aroma
½ Teelöffel Vanille-Aroma
120 g Äpfel, gehackt.

Nährwerte pro 100g:

Kalorien	69 kcal	Proteine	3,6 g
Kohlenhydrate	12,2 g	Fett	0,8 g

---

1 Ofen auf 180°C vorheizen und das Muffinblech einfetten.

2 Alle trockenen Zutaten in einer Schüssel gut miteinander vermischen.

3 Die feuchten Zutaten ebenfalls gut vermischen und zu den trockenen Zutaten geben. Gut verrühren, sodass ein glatter Teig entsteht. Anschließend die gehackten Äpfel unterrühren.

4 Den Teig auf 10 Muffinförmchen gleichmäßig aufteilen und 22-24 Minuten backen. Bei Bedarf den Zahnstocher-Test machen. Vor dem Servieren mindestens 5 Minuten abkühlen lassen.

Karotten-Kuchen

Zutaten:

Für den Kuchen:

2 Eier

80 g Schlagsahne

1 Karotte, gerieben

50 g Leinsamen

2 Esslöffel Kokosmehl

10 g Süßstoff

¼ Teelöffel Backpulver

¼ Teelöffel Piment

Für die Glasur:

340 g Frischkäse, fettarm

1 Teelöffel Vanille-Aroma

1 Teelöffel Stevia mit Vanillegeschmack, flüssig

3 Esslöffel Schlagsahne.

Nährwerte pro 100g:

Kalorien	277 kcal	Proteine	6,6 g
Kohlenhydrate	6,3 g	Fett	25,6 g

1 Ofen auf 180°C vorheizen und das Kuchenblech einfetten.

2 Eier zusammen mit der Sahne schlagen und die Karotten unterheben.

3 In einer anderen Schüssel alle übrigen trockenen Zutaten vermischen. Dann die feuchten Zutaten hinzugeben und gut verrühren, bis ein glatter Teig entsteht.

4 Den Teig in das Kuchenblech geben, gleichmäßig verteilen und etwa 15 Minuten backen. Bei Bedarf den Zahnstochertest machen. Vollständig abkühlen lassen.

5 Für die Glasur Frischkäse, Vanille-Aroma und Stevia in einen Mixer geben und so lange mixen, bis alles gut vermischt ist. Nach und nach die Sahne hinzugeben, bis eine glatte Masse entsteht.

6 Die Glasur in einen Spritzbeutel geben und damit den Kuchen dekorieren.

Preiselbeer-Pistazien-Biscotti

Zutaten:

270 g Mandeln, gemahlen

90 g Pistazien

100 g Preiselbeeren, frisch oder getrocknet

75 g Süßstoff, granuliert

½ Teelöffel Backpulver

1 kleine Prise Salz

¼ Teelöffel Xanthan

3 große Eier

1 Esslöffel Vanille-Aroma.

Nährwerte pro 100g:

Kalorien	331 kcal	Proteine	13,4 g
Kohlenhydrate	13,3 g	Fett	27,4 g

1 Ofen auf 190°C vorheizen und ein Backblech mit Backpapier auslegen.

2 Pistazien schälen, grob hacken und mit dem Mandelmehl, Süßstoff, Backpulver, Salz und Xanthan gut vermischen.

3 Eier leicht schlagen und mit dem Vanille-Aroma vermischen. Die Ei-Mischung zu den trockenen Zutaten geben und gründlich vermischen, bis ein dichter, klebriger Teig entsteht. Preiselbeeren unter den Teig heben.

4 Den Teig auf das Backblech geben und mit den Händen einen ovalen oder rechteckigen Laib formen, der etwa 2,5 cm dick sein sollte.

5 Den Laib für etwa 20-30 Minuten backen, bis er braun wird und sich fest anfühlt. Den Laib abkühlen lassen und die Ofentemperatur auf 150°C herunterdrehen.

6 Vorsichtig dünne Scheiben vom Laib abschneiden, auf ein Gitterblech legen und weitere 20-30 Minuten goldbraun backen. Vor dem Verzehr vollständig abkühlen lassen.

Umgedrehter Ananas-Kuchen

Zutaten:

Für den Belag:

3 Esslöffel Butter

55 g Süßstoff

2 Teelöffel Goldsirup

60 g Schlagsahne

¼ Teelöffel Vanille-Aroma

200 g Ananas, gewürfelt

Für den Kuchen:

300 g Mandelmehl

60 g Molkenprotein mit Vanillegeschmack

1 Esslöffel Backpulver

½ Teelöffel Salz

100 g Butter, ungesalzen

110 g Erythrit

2 große Eier, Raumtemperatur

¾ Teelöffel Ananas-Aroma

¼ Teelöffel Steviaextrakt, flüssig

185 g Mandelmilch, ungesüßt.

Nährwerte pro 100g:

Kalorien	318 kcal	Proteine	9 g
Kohlenhydrate	10 g	Fett	28 g

1 Backofen auf 160°C vorheizen und eine 20cm Springform einfetten.

2 Butter, Erythrit und Goldsirup in einen Topf geben, bei mittlerer Hitze zum Kochen bringen und eine Minute kochen lassen.

3 Den Topf vom Ofen nehmen, Schlagsahne und Vanille-Aroma hinzugeben (die Mischung kann stark Blasen werfen). Die Füllung in die Springform gießen und die Ananaswürfel gleichmäßig darauf verteilen.

4 Für den Kuchenboden Mandelmehl, Molkenprotein, Backpulver und Salz vermischen.

5 In einer weiteren Schüssel die Butter mit dem Süßstoff schlagen, bis alles gut vermischt ist. Eier, Ananas-Aroma und Steviaextrakt dazugeben. Die Hälfte der Mandelmehlmischung dazugeben und so lange verrühren, bis alles gut vermischt ist. Anschließend die Mandelmilch und den Rest der Mandelmehlmischung unterheben.

6 Den Teig über die Füllung in die Springform geben und mit einem Messer oder Spachtel glatt streichen.

7 Den Kuchen für 35-45 Minuten backen, bis die Oberfläche goldbraun ist. Den Kuchen aus dem Ofen nehmen und 10 Minuten abkühlen lassen.

8 Mit einem scharfen Messer vorsichtig den Kuchen aus der Springform lösen. Eine Servierplatte auf den Kuchen legen und den Kuchen vorsichtig umdrehen. Mit dem scharfen Messer vorsichtig den Boden der Springform vom Kuchen lösen.

Schokoladen-Kekse

Zutaten:

125 g Butter, ungesalzen

1 Teelöffel Vanille-Aroma

60 g Apfelmus, ungesüßt

200 g Mandelmehl

3 Esslöffel Kakaopulver, ungesüßt

⅜ Teelöffel Steviaextraktpulver

½ Teelöffel Salz.

Nährwerte pro 100g:

Kalorien	484 kcal	Proteine	10,6 g
Kohlenhydrate	13,4 g	Fett	46,3 g

---

1. Ofen auf 150°C vorheizen und ein Backblech mit Backpapier auslegen.
2. Weiche Butter, Apfelmus und Vanille-Aroma vermischen, bis eine glatte Mischung entsteht.
3. Mandelmehl, Kakaopulver, Stevia und Salz vermengen und zu der Butter-Mischung hinzugeben. Alles so lange verrühren, bis ein glatter Teig entsteht. Den Teig anschließend mindestens eine Stunde im Kühlschrank ruhen lassen.
4. Jeweils einen Esslöffel Teig zu einem Bällchen rollen, mit 5 cm Abstand zu den anderen Bällchen auf das Backblech legen und mit einer Gabel flach drücken.
5. Die Kekse 35-40 Minuten backen, 10 Minuten abkühlen lassen und dann auf einem Gitter vollständig kalt werden lassen.

Gefüllte Protein-Kekse

Zutaten:

Für die Kekse:

1 Esslöffel Kokosmehl

4 Eiweiß, flüssig

30 g braunes Reisproteinpulver

2 Esslöffel Kakaopulver

1 Esslöffel Kakaonibs

1 Esslöffel Flavdrops, Schokogeschmack

10 g Haferflocken

1 Teelöffel Backnatron

Für die Füllung:

10 g Vanille-Kasein

¼ Tasse Wasser

1 Teelöffel Kokosmehl.

Nährwerte pro 100g:

Kalorien	87 kcal	Proteine	11,8 g
Kohlenhydrate	9,1 g	Fett	1,5 g

1 Ofen auf 170°C vorheizen.

2 Alle Zutaten für die Kekse miteinander vermischen und auf ein Keksblech geben. Die Kekse etwa 25 Minuten backen. Bei Bedarf den Zahnstocher-Test machen. Die Kekse anschließend abkühlen lassen

3 Jeden Keks horizontal in 3 Teile schneiden und die Kekse erneut auf das Backblech legen und nochmals 5 Minuten in den Ofen schieben, sodass sie knuspriger werden.

4 Alle Zutaten für die Füllung miteinander verrühren und zwischen die Kekse streichen.

Kürbis-Muffins

Zutaten:

Für die Muffins:

125 g weiche Butter
6 g Splenda
400 g Kürbis, nicht püriert
6 Eier
60 g Kokosmehl
½ Esslöffel Vanille-Aroma
½ Teelöffel Zimt
½ Teelöffel Muskat
½ Teelöffel Kürbiskuchengewürz

Für die Frischkäsefüllung:

55 g Frischkäse, weich
30 g Sauerrahm
3 g Splenda.

Nährwerte pro 100g:

Kalorien	170 kcal	Proteine	4,4 g
Kohlenhydrate	4 g	Fett	15,5 g

1. Ofen auf 180°C vorheizen und das Muffinblech einfetten.
2. Butter, Splenda und Vanille-Aroma vermischen. Eier, Kürbis, Kokosmehl und die Gewürze dazugeben und gut verrühren, bis ein gleichmäßiger Teig entsteht. Den Teig in das Muffinblech füllen.
3. Alle Zutaten für die Füllung miteinander vermischen. Einen Klecks von der Füllung auf jeden Muffin geben und mit einem Zahnstocher verwirbeln.
4. Die Muffins für etwa 25 Minuten backen.

17258494R00026

Printed in Poland
by Amazon Fulfillment
Poland Sp. z o.o., Wrocław